Conhecimento
é a chave.

série
CONHECIMENTO

Reforma trabalhista

Blucher

Reforma trabalhista

Arnaldo Pipek

Alexandre Lauria Dutra

Isabella Renwick Magano

Reforma trabalhista
© 2017 Arnaldo Pipek, Alexandre Lauria Dutra, Isabella Renwick Magano
1ª reimpressão – 2018

Todos os direitos reservados pela Editora Edgard Blücher Ltda.
É proibida a reprodução total ou parcial por quaisquer
meios sem autorização escrita da editora.

Imagem da capa iStockphoto

Segundo o Novo Acordo Ortográfico, conforme 5. ed. do *Vocabulário Ortográfico da Língua Portuguesa*, Academia Brasileira de Letras, março de 2009.

Publisher Edgard Blücher
Editor Eduardo Blücher
Coordenação editorial Bonie Santos
Produção editorial Bárbara Waida, Isabel Silva, Júlia Knaipp, Luana Negraes, Marilia Koeppl
Preparação de texto Ana Maria Fiorini
Diagramação Negrito Produção Editorial
Revisão de texto Carla Raiter Paes
Capa e projeto gráfico Leandro Cunha

DADOS INTERNACIONAIS DE CATALOGAÇÃO NA PUBLICAÇÃO (CIP)
Angélica Ilacqua CRB-8/7057

Pipek, Arnaldo
  Reforma trabalhista / Arnaldo Pipek, Alexandre Lauria Dutra, Isabella Renwick Magano. – São Paulo : Blucher, 2017.

  96 p. (Série Conhecimento)

  ISBN 978-85-212-1268-3

  1. Trabalho – Leis e legislação – Brasil 2. Direito do trabalho – Brasil I. Título. II. Dutra, Alexandre Lauria. III. Magano, Isabella Renwick.

17-1650   CDD 344.8101

Índices para catálogo sistemático:
1. Trabalho – Leis e legislação – Brasil

  Rua Pedroso Alvarenga, 1245, 4º andar
04531-934 – São Paulo – SP – Brasil
Tel.: 55 11 3078-5366
contato@blucher.com.br
www.blucher.com.br

CONTEÚDO

Introdução	9
Terceirização	11
Contrato de trabalho	17
Relações coletivas	53
Sociedades	61
Ação trabalhista	73
O que não mudou	79
Perguntas e respostas	83
Indicações de livros	93
Indicações de sites	94
Indicações de vídeos	95

INTRODUÇÃO

O direito do trabalho pode ser definido como o ramo do direito composto por um conjunto de princípios, regras e normas jurídicas que visam disciplinar as relações entre empresários, trabalhadores e entidades sindicais que representam estes últimos. Ou seja, é ele quem regula o que pode ou não ser feito nas relações de trabalho.

Foi na Revolução Industrial, no século XVIII, que o debate em torno dos direitos dos trabalhadores começou. Posteriormente, esse debate foi impulsionado pelos movimentos de massa organizados nas cidades europeias em razão dos fenômenos da industrialização e da concentração de trabalhadores. No Brasil, pode-se dizer que a história do direito trabalhista teve início com a abolição da escravatura, em 1888, sendo seu primeiro capítulo memorável a promulgação da Consolidação das Leis do Trabalho (CLT), em 1943, pelo presidente Getúlio Vargas.

Não é preciso fazer um grande esforço para concluir que as regras e as normas constantes de um regramento legal promulgado em 1943 não se adequam mais, ao menos não integralmente, à realidade presente. A necessidade de atender às constantes alterações de contexto social já resultou em várias mudanças superficiais na CLT ao longo das últimas décadas. No entanto, as alterações apresentadas e analisadas neste livro foram, sem nenhuma dúvida, as mais significativas e alinhadas com as necessidades de uma sociedade sedenta pela geração de novos empregos em uma economia global.

Não pretendemos esgotar todos os pontos trazidos pela reforma trabalhista. Queremos, por meio de uma linguagem simples, objetiva e acessível, apontar as principais alterações na CLT provocadas pela Lei n. 13.467, de 13 de julho de 2017, conhecida como Lei da Reforma Trabalhista e pela Medida Provisória n. 808/2017, esclarecendo e respondendo às questões mais recorrentes e relevantes sobre o tema.

Devemos ainda observar que a lei é nova e foi aprovada em um momento político conturbado, de maneira que o processo que envolve sua segura interpretação demandará algum tempo.

TERCEIRIZAÇÃO

Terceirização do trabalho é o processo pelo qual uma empresa contrata outra instituição para realizar determinada atividade. Essa prática difundiu-se amplamente em todo o mundo, principalmente por conta da necessidade de buscar mais qualidade e redução de custos nos processos de produção e oferecimento de serviços.

Até a atual reforma trabalhista, o tema gerava grandes controvérsias e era responsável por inundar o Poder Judiciário com inúmeras reclamações trabalhistas no Brasil. Por não existir uma lei expressa que determinasse o alcance da terceirização dos serviços, era a Súmula 331 do Tribunal Superior do Trabalho (TST) que norteava o mercado. Ela previa a possibilidade de se terceirizar apenas os serviços de vigilância, conservação e limpeza e os serviços especializados ligados à atividade-meio da empresa contratante, desde que não houvesse relação pessoal ou subordinação direta entre trabalhador e empresa.

Considerava-se "atividade-meio" aquela totalmente desvinculada das atividades-fim da tomadora de serviços, ou seja, as atividades principais da empresa. Por exemplo, uma fábrica de móveis poderia terceirizar atividades de limpeza, segurança, serviços jurídicos, dentre outras, mas não poderia fazê-lo com o intuito principal da empresa: a produção de móveis.

Definir o que poderia ou não ser terceirizado foi se tornando uma tarefa cada vez mais árdua com o aumento da complexidade dos processos produtivos e o surgimento de empresas cada vez mais especializadas. As indústrias automobilísticas, que se tornaram verdadeiras montadoras de veículos, terceirizando a produção e a compra de todos os componentes dos automóveis, são um ótimo exemplo dessa dificuldade.

A reforma trabalhista determinou a possibilidade de terceirização de toda e qualquer atividade da empresa, inclusive aquelas relacionadas às suas atividades principais, com o objetivo de estancar essas inúmeras discussões e se adequar melhor à realidade da sociedade. De agora em diante, por exemplo, uma escola poderá terceirizar seu corpo docente (atividade-fim de uma instituição de ensino) sem risco.

Se, por um lado, a reforma deixou claro que é permitido contratar terceiros para quaisquer atividades (atividades-meio e atividades-fim), por outro, trouxe ferramentas para evitar a precarização das relações de trabalho e o fenômeno conhecido como "pejotização" – a dispensa dos atuais empregados com posterior contratação destes como terceiros.

A nova lei assegura aos empregados de uma empresa prestadora de serviços (empresa contratada) determinadas vantagens e condições nos mesmos moldes aplicados aos empregados próprios da tomadora (empresa contratante) quando os serviços forem executados nas dependências desta.

Nesses casos, os empregados da empresa terceirizada devem ter direito à mesma alimentação garantida aos empregados da contratante, quando oferecida em refeitórios; a utilizar os serviços de transporte; ao atendimento médico ou ambulatorial existente nas dependências da contratante ou em outro local por ela designado; ao treinamento adequado quando a atividade o exigir; à adoção de todas as medidas de proteção à saúde e à segurança no trabalho; e a instalações adequadas à prestação de serviços. Até mesmo os salários que serão pagos aos empregados da empresa terceirizada poderão ser equivalentes aos dos empregados da contratante, se assim acordarem as partes.

Como já vimos, com o intuito de evitar um movimento de transformação em massa dos atuais empregados com carteira de trabalho assinada em terceiros, a nova norma prevê que não pode figurar como contratada a pessoa jurídica cujos titulares ou sócios tenham, nos últimos dezoito meses, prestado serviços à contratante como empregados ou como trabalhadores sem vínculo empregatício, exceto se os referidos titulares ou sócios forem aposentados. Da mesma forma, o empregado que for dispensado ou pedir demissão não poderá prestar serviços para sua ex-empregadora na qualidade de empregado de empresa prestadora de serviços antes do prazo de dezoito meses, contados a partir de sua dispensa ou pedido de demissão.

Um ponto que merece bastante atenção com relação ao tema é a possibilidade de a terceirização ainda ser reconhecida pela Justiça do Trabalho como ilegal em determinadas circunstâncias. Isso porque, apesar de a reforma ter ampliado

14 REFORMA TRABALHISTA

significativamente o espectro de sua aplicação, possibilitando a terceirização das atividades-fim das empresas, o artigo 3º da CLT, que conceitua a figura do empregado, não foi revogado e permanece vigente. Isso implica dizer que, independentemente de a atividade terceirizada ser intermediária ou finalística da empresa, se o trabalho prestado pelo terceiro ocorrer com pessoalidade, habitualidade, de forma onerosa e com subordinação, estaremos diante de uma verdadeira relação de emprego com todas as consequências daí decorrentes.

Em outras palavras, o trabalhador terceirizado não poderá receber ordens diretas da empresa contratante, bem como não poderá ter seus horários de trabalho controlados por ela nem receber punições disciplinares, aspectos que caracterizam a subordinação típica de um contrato de trabalho. Além disso, a empresa contratante dos serviços não poderá exigir que o trabalho seja efetuado exclusivamente por determinada pessoa. Na terceirização, contratam-se os serviços, e não o indivíduo.

Afasta-se, portanto, a primeira impressão errônea de que todas e quaisquer atividades das empresas poderão ser terceirizadas, já que a reforma não sinalizou ou autorizou o fim das relações empregatícias. Ao contrário, mais do que nunca as empresas deverão avaliar com muita cautela quais são as atividades passíveis de terceirização e de que maneira se dará o relacionamento com esses prestadores de serviços, sob pena de sujeitarem suas operações a riscos trabalhistas.

É verdade que a reforma trabalhista permite a terceirização de toda e qualquer atividade, mas, ainda assim, não pode haver a subordinação.

16   REFORMA TRABALHISTA

Um último alerta com relação ao tema terceirização refere-se à manutenção da *responsabilidade subsidiária* da tomadora de serviços caso a empresa prestadora não pague os direitos trabalhistas. Isso quer dizer que, se a empresa que prestar os serviços não pagar corretamente os seus colaboradores, a empresa contratada poderá responder por essas dívidas. Por isso, os cuidados na escolha das empresas que prestarão os serviços terceirizados, especialmente quanto a capacidade econômica, diversidade de clientes e reconhecimento de sua especialização no mercado, continuam sendo válidos e imprescindíveis para que a terceirização seja feita com segurança.

Assim, as empresas poderão terceirizar parte de suas atividades com tranquilidade e segurança jurídica, desde que adotem os cuidados expostos neste capítulo.

CONTRATO DE TRABALHO

Alguns dos principais impactos da reforma trabalhista ocorrerão na relação individual entre empregados e empregadores. Esses impactos serão explorados nos itens seguintes.

Tratamento diferenciado de empregados com remuneração mais alta

A nossa legislação não fazia distinção entre empregados que tivessem diferentes níveis de salário ou de qualificação. A mesma régua era aplicada a todos, e a premissa básica era que o empregado seria sempre a parte mais fraca da relação e, portanto, aquele que mereceria proteção especial.

Era proibida qualquer negociação entre empresa e empregado que contrariasse ou flexibilizasse artigos de lei ou acordos firmados com o sindicato. Não podia o empregado, por exemplo, ajustar diretamente com o seu empregador, sem a participação do sindicato, um banco de horas para compensação de horas extras, ou a redução de seu intervalo para refeição e descanso.

A reforma trabalhista tornou a legislação menos rígida nesse aspecto, ao menos em parte. A nova lógica é que empregados de nível salarial mais alto – igual ou acima de duas vezes o limite máximo dos benefícios do Instituto Nacional

A nova lei permite
que empregados com
remuneração mais alta
negociem as condições de
seu contrato de trabalho
diretamente com o
empregador. Isso é o
negociado sobre o legislado.

do Seguro Social (INSS), o que atualmente equivale a cerca de R$ 11 mil – e que tenham o grau superior completo não são, necessariamente, a parte mais fraca da relação de emprego. Assim, a lei passou a permitir que tais empregados negociem as condições de seu contrato de trabalho diretamente com o seu empregador, sem a participação do sindicato, mesmo que isso implique a flexibilização de normas legais ou regras previstas em acordos sindicais. Ou seja, tais empregados podem negociar com seu empregador condições de trabalho que contrariem regras legais.

Há, porém, uma importante ressalva: direitos considerados de ordem pública, como o 13º salário e os depósitos de Fundo de Garantia do Tempo de Serviço (FGTS), dentre outros, continuam não sendo passíveis de negociação.

Ainda assim, de maneira geral, observam-se maiores flexibilidade e autonomia no ajuste das condições de emprego dessa classe de empregados, que recebe uma remuneração maior e tem a qualificação necessária para compreender as alterações que negocia com seu empregador. A partir de agora, portanto, a tendência é que a Justiça do Trabalho deixe de considerar todos os empregados como hipossuficientes, concedendo esse tratamento apenas àqueles ainda vistos como necessitados dessa proteção maior, em razão de sua qualificação ou nível salarial mais baixos.

Arbitragem

A lei também passou a permitir, para empregados com salários mais altos, a solução de conflitos trabalhistas por meio da chamada arbitragem. A arbitragem nada mais é que um sistema privado de julgamento de conflitos, que substitui a Justiça do Trabalho. Antes da reforma, nenhum conflito trabalhista entre empregado e empregador podia ser levado para arbitragem, de modo que sua resolução era responsabilidade exclusiva da Justiça do Trabalho. Com a reforma, tornou-se possível a arbitragem nos casos que envolvam empregados de renda mais alta – igual ou superior a duas vezes o limite máximo dos benefícios do INSS, o que atualmente equivale a cerca de R$ 11 mil.

Caso empregado e empregador optem por seguir o caminho da arbitragem – o que deve ser feito de comum acordo e por escrito –, não poderão levar o caso para julgamento pelos tribunais trabalhistas nem poderão rediscutir os termos da decisão arbitral na Justiça do Trabalho. Ou seja, trata-se de mais uma opção para a resolução de conflitos trabalhistas individuais.

A arbitragem tem como principais vantagens ser um procedimento mais rápido, menos burocrático e no qual o julgamento é proferido por um árbitro ou tribunal, escolhido conjuntamente pelas partes, com conhecimento especializado sobre o assunto em discussão.

Imagine, por exemplo, um caso trabalhista complexo que envolva o trabalho em plataformas de petróleo, o qual é realizado sob condições específicas e está sujeito a legislação própria. O seu julgamento por um árbitro especialista, conhecedor da realidade do setor, provavelmente será mais eficaz e produzirá resultados mais satisfatórios para ambas as partes. Esse caminho também auxiliará o desafogo da Justiça do Trabalho, que recebe milhões de novas ações por ano.

Férias

As férias também tiveram alterações significativas. Já não era novidade o atraso de nossa legislação nesse assunto, especialmente por dificultar a divisão das férias em mais de um período. Dividi-las era, inclusive, proibido para empregados menores de 18 e maiores de 50 anos, sob a premissa de que tais pessoas seriam mais fracas e sempre necessitariam do descanso durante trinta dias corridos. As limitações às férias muitas vezes acabavam por prejudicar os próprios empregados interessados em dividi-las.

Com o objetivo de solucionar essas questões, a nova lei permitiu a divisão das férias em até três períodos, desde que um deles não tenha duração menor que catorze dias e que os demais não sejam inferiores a cinco dias. Assim, passa a haver maior flexibilidade, tanto para a empresa quanto para o empregado, na fixação das férias ao longo do ano. Ao mesmo tempo, a nova lei impede um fracionamento tão grande das férias que impossibilite o verdadeiro descanso do empregado.

Além disso, a reforma proibiu o início das férias nos dois dias antes de um feriado ou do dia do descanso semanal remunerado. Essa regra visa garantir que o empregado não tenha os seus dias iniciais de férias consumidos por folgas que ele já teria normalmente.

Este é, sem dúvidas, um ponto muito positivo da reforma trabalhista, por possibilitar que empregados e empregadores decidam mais livremente sobre a forma de fruição do período de férias.

Empregadas gestantes e lactantes

Para as mulheres gestantes e lactantes, também há novidades. Enquanto a legislação anterior proibia, para essas empregadas, o trabalho em condições insalubres (com exposição a ruído, calor, frio, poeira etc.), a nova lei passou a permiti-lo quando a empregada, de livre e espontânea vontade, apresentar atestado médico autorizando o trabalho, e apenas se a insalubridade for média ou mínima.

Essa medida tem a finalidade de evitar que a mulher seja discriminada no mercado de trabalho em razão dessa e de outras proteções. E isso não significa que a nova lei esteja negligenciando a saúde da gestante e do bebê, pois exige a autorização do médico da trabalhadora e que a opção por trabalhar seja da própria empregada.

As regras sobre o intervalo para amamentação também passaram por uma atualização bem-vinda. A lei anterior garantia às empregadas-mães dois intervalos para amamentação, de meia hora cada, e não havia a possibilidade de negociar com o empregador para que esses intervalos fossem concentrados em um só período mais longo. A reforma passou a permitir que o intervalo para amamentação seja definido de comum acordo entre a empregada e o seu empregador, sem intervenção do sindicato, e atendendo à conveniência de ambos.

Danos morais

Outra novidade trazida pela reforma trabalhista foi a fixação de regras a respeito dos chamados danos extrapatrimoniais, mais popularmente conhecidos como "danos morais". Estes são os danos causados à esfera moral ou existencial de qualquer pessoa, seja ela o empregado ou a empresa, e incluem os danos a honra, imagem, intimidade, autoestima, integridade física, saúde, marca da empresa, dentre outros.

Até então, a falta de leis claras sobre os danos extrapatrimoniais levava à fixação de indenizações conforme o entendimento de cada juiz, sem a existência de parâmetros claros a serem seguidos. Isso levou ao surgimento da famosa "indústria dos danos morais", que, em caso de condenação, implicava valores indenizatórios muitas vezes exagerados.

Agora, com a nova lei, há regras claras sobre quais danos extrapatrimoniais podem ser indenizados, quando forem violados pela empresa ou pelo empregado; quais fatores o juiz deve considerar ao julgar esse tipo de pedido; e quais os limites de indenização. Para danos leves, por exemplo, a indenização será de até três vezes o valor do teto dos benefícios do INSS, enquanto, nos gravíssimos, será de até cinquenta vezes esse valor. O Quadro 1 resume questões importantes sobre danos extrapatrimoniais.

Quadro 1. Danos extrapatrimoniais

O que são?	A ação ou omissão que ofenda a esfera moral ou existencial da pessoa física ou jurídica	
Quais são os direitos extra-patrimoniais protegidos?	Em relação a pessoas físicas	Etnia, idade, nacionalidade, honra, imagem, intimidade, liberdade de ação, autoestima, gênero, lazer, integridade física
	Em relação a pessoas jurídicas	Imagem, marca, nome, segredo empresarial, sigilo da correspondência
Quem tem direito à indenização?	A pessoa física ou jurídica ofendida	

Quais critérios podem ser utilizados para avaliar a gravidade do dano extra-patrimonial?	- A natureza do direito que foi violado - A intensidade do sofrimento ou humilhação - A possibilidade de superação física ou psicológica daquele dano - Os reflexos sociais e pessoais daquele dano - A extensão e a duração dos efeitos da ofensa - As condições em que o dano ocorreu - O grau de dolo ou culpa do agente - A ocorrência de retratação espontânea por parte do agente - O esforço efetivo do agente em minimizar a ofensa - O perdão por parte do ofendido - A situação social e econômica das partes envolvidas - O grau de publicidade da ofensa	
Qual será o valor da indenização?	Ofensas leves	Até 3 vezes o valor do teto de benefícios da Previdência Social
	Ofensas médias	Até 5 vezes o valor do teto de benefícios da Previdência Social
	Ofensas graves	Até 20 vezes o valor do teto de benefícios da Previdência Social
	Ofensas gravíssimas	Até 50 vezes o valor do teto de benefícios da Previdência Social
	Reincidência entre partes idênticas	A indenização poderá ser dobrada
	Morte	A indenização será arbitrada pelo juiz e não se aplicarão os critérios anteriores

26 REFORMA TRABALHISTA

Espera-se, assim, que haja um maior equilíbrio e mais razoabilidade nos valores das indenizações por danos morais; uma maior previsibilidade quanto a tais indenizações; e a limitação de pedidos indevidos. Mais que isso, essa alteração trará maior segurança jurídica para todas as partes envolvidas, já que todos estarão cientes de quanto poderá custar a prática de um dano moral.

Remuneração

Um dos problemas mais enfrentados por empresas são os elevados encargos que incidem sobre os valores pagos aos seus empregados e a falta de clareza sobre quais parcelas estão sujeitas a essas incidências (de imposto de renda, INSS, FGTS, dentre outras). A alteração da Consolidação das Leis do Trabalho (CLT), nesse ponto, teve como principais finalidades eliminar essas dúvidas e estimular o pagamento de certas verbas pelo empregador, sem que elas se integrem ao salário e gerem a obrigação de recolher encargos.

A nova lei diz que não integram o salário do empregado as ajudas de custo limitadas a 50% do salário, o vale-alimentação, as diárias para viagem e os prêmios. Na prática, isso significa que essas verbas, se pagas pelo empregador, não sofrerão o desconto de INSS, não serão base de cálculo para o FGTS e não gerarão reflexos em horas extras, férias, 13º salário e outras verbas trabalhistas.

Para que ajudas de custo, vale-alimentação, diárias para viagem e prêmios possam ser pagos sem encargos, deverão ser preservadas as suas finalidades específicas.

Contudo, isso não significa que as empresas estarão autorizadas a transformar os salários que pagam a seus empregados em qualquer dessas parcelas, apenas para evitar a tributação. Para que essas verbas possam ser pagas sem tributação, deverão ser observadas as suas finalidades específicas. Assim, por exemplo, o auxílio-alimentação não poderá ser concedido em dinheiro, mas apenas na forma de vale-alimentação ou de efetiva alimentação em refeitório. Tampouco se poderá pagar uma diária de viagem sem que tenha havido uma efetiva viagem de trabalho.

Ou seja, é preciso cautela para analisar se cada verba paga realmente cumpre o seu propósito. Se o pagamento se dá como simples remuneração pelos serviços normais realizados, embora disfarçado sob outro nome, então provavelmente estaremos diante de verdadeiro salário, e não de uma das verbas isentas de tributação.

Equiparação salarial

Ainda em relação aos salários, a reforma introduziu regras novas que limitam os pedidos de equiparação salarial. A equiparação salarial é o direito de um empregado de receber salário igual ao de outro trabalhador que exerce a mesma função. Para possuir esse direito, é necessário que ambos os empregados exerçam as suas atividades com a mesma qualidade, para o mesmo empregador, na mesma localidade. Além disso, não pode haver uma diferença de tempo no exercício da função superior a dois anos entre os dois trabalhadores. A equiparação salarial nada mais é do que uma aplicação do princípio da igualdade, previsto em nossa Constituição Federal.

Antes da reforma, as regras legais que tratavam da equiparação salarial permitiam a comparação de salários entre empregados que trabalhassem em estabelecimentos diferentes de uma empresa, mas que estivessem localizados no mesmo município ou região metropolitana. Assim, era possível que um empregado de Cotia pedisse equiparação com outro da capital de São Paulo, por exemplo.

Ocorre, entretanto, que a realidade de um estabelecimento pode ser bastante diferente daquela experimentada em outro. Sabe-se, por exemplo, que, embora a região do ABC faça parte da região metropolitana de São Paulo, os custos de aluguel, estacionamento e refeição no ABC são bastante inferiores àqueles praticados na avenida Paulista, na região central da cidade de São Paulo. E tais disparidades podem, muitas vezes, justificar a diferença de salários praticados. Assim, a nova lei agora permite a equiparação salarial apenas entre empregados do mesmo estabelecimento.

Além disso, mais uma condição para o direito à equiparação salarial é exigida: os empregados não podem ter diferença de tempo de serviço superior a quatro anos para o mesmo empregador, independentemente do tempo que possuam na função atual. O objetivo dessa regra é permitir que a empresa possa gratificar empregados mais antigos com salários superiores, ainda que realizem tarefas idênticas a empregados com menos tempo de casa.

Outra alteração trazida pela reforma é a possibilidade de a empresa criar o seu próprio plano de carreira, de acordo com as suas próprias características e necessidades, sem a obrigação de obter a aprovação do sindicato ou do Ministério do Trabalho, como ocorria anteriormente. Esse plano de carreira, se corretamente implantado e seguido pela empresa, impedirá os pedidos de equiparação salarial.

Essas novas limitações têm a finalidade de trazer mais equilíbrio ao direito de equiparação salarial, adequando-o à realidade dos negócios e evitando distorções indevidas.

Jornada de trabalho

Um dos pontos cruciais para o bom funcionamento de uma empresa é a alocação eficiente de sua mão de obra, a fim de evitar períodos de trabalho excessivo ou períodos de ociosidade. Foi com esse propósito que a reforma trabalhista alterou determinadas regras sobre jornada de trabalho, tornando-as menos rígidas e mais adequadas para atender às oscilações de demanda que são inerentes aos negócios. A seguir, vamos explorar as principais mudanças.

Banco de horas

O banco de horas é um mecanismo muito valioso para os empregadores e os empregados otimizarem as horas de trabalho. Sabe-se, por exemplo, que a carga de trabalho do departamento de contabilidade de uma empresa é normalmente muito mais intensa no final do mês, em razão do fechamento financeiro. Por que não compensar essas horas adicionais com reduções de jornada durante as demais semanas do mês, evitando-se, assim, o trabalho excessivo por parte do empregado e o pagamento de horas extras por parte da empresa?

A legislação anterior já permitia o banco de horas, mas determinava a sua negociação com o sindicato. Essa regra muitas vezes inviabilizava a implantação do banco de horas de maneira que realmente funcionasse para o negócio, em razão das exigências feitas pelo sindicato ou da demora no procedimento de aprovação.

A nova lei passou a permitir a implantação de bancos de horas mediante negociação individual diretamente entre a empresa e seus empregados, desde que eles tenham vigência máxima de seis meses. Nesse caso, deixa de ser necessária a aprovação do sindicato. Isso não significa, porém, que as empresas estão autorizadas a realizar bancos de horas de maneira informal ou apenas verbal. É necessário que o banco de horas seja sempre fixado em acordos escritos, devidamente assinados pela empresa e por cada empregado. As regras do banco devem ser claras e devem ser devidamente seguidas pelas partes, sob pena de o banco ser

Agora é possível implantar banco de horas com vigência de até seis meses sem acordo sindical.

considerado inválido. Além disso, tais acordos deverão ser renovados a cada seis meses.

As novas regras certamente simplificarão o procedimento de implantação de bancos de horas para as empresas, permitindo a adoção de um sistema de compensação de jornada mais apropriado à realidade do negócio. Novamente, frisamos a importância da formalização por escrito dos bancos de horas, até para que possam futuramente, se for o caso, serem apresentados em juízo.

Horas em deslocamento (in itinere)

Outra medida importante para a otimização das horas de trabalho, introduzida pela reforma, foi a exclusão das chamadas horas *in itinere* da jornada de trabalho. As horas *in itinere* são as horas gastas pelo empregado em transporte fornecido pela empresa (como fretados), quando o local de trabalho é de difícil acesso ou não servido por transporte público regular.

De acordo com a legislação anterior, o tempo gasto pelo empregado nesse deslocamento, bem como esperando pelo transporte da empresa, era considerado tempo de trabalho, gerando o pagamento de horas extras se fosse ultrapassada a jornada normal. O receio de que as horas fossem consideradas tempo de trabalho desestimulava a concessão de transporte privado pelas empresas aos seus empregados. Diante disso, a nova lei excluiu o cômputo das horas *in itinere* das jornadas

34   REFORMA TRABALHISTA

de trabalho. A reforma ratificou o conceito de que a jornada que deverá ser paga é aquela efetivamente trabalhada pelo empregado, excluindo-se o tempo de seu deslocamento.

Tempo de permanência na empresa

Essa mesma otimização foi dada ao tempo durante o qual o empregado permanece na empresa sem executar serviços, mas realizando atividades de seu próprio interesse, como lanches, café da manhã, estudo e lazer. Segundo a nova lei diz, esses períodos não são considerados tempo de trabalho, o que significa dizer que não são computados na jornada do empregado e, portanto, não geram o pagamento de horas extras.

A legislação anterior não era clara quanto ao tratamento a ser dado a esses períodos, o que gerava insegurança para as empresas, que muitas vezes eram condenadas ao pagamento de horas extras. E mais: esse cenário incentivava empregadores a proibirem a permanência de empregados em suas dependências fora de seus turnos de trabalho, ou a cortarem benefícios como o café da manhã ou lanche, por receio de que resultassem na obrigação de pagamento de horas extras. As novas regras eliminaram essa insegurança.

Contudo, isso não significa que todas as atividades de preparação ao serviço e todos os períodos de permanência na empresa sem trabalho efetivo serão excluídos das horas de trabalho. Se a empresa não permite que o empregado já compareça ao local de trabalho trajando uniforme, obrigando-o a trocar de roupa em suas dependências, esse tempo deverá ser computado na sua jornada. O mesmo raciocínio se aplica ao treinamento de realização obrigatória. Nesses exemplos, a atividade não é de interesse do próprio empregado, mas é imposta pelo empregador.

Mais uma vez, o que se buscou com a reforma foi uma solução razoável e equilibrada para regras sobre jornada.

Jornada 12 × 36

A jornada 12 × 36, em que o empregado trabalha durante 12 horas consecutivas e descansa as 36 horas seguintes, também foi alterada pela reforma. Esse sistema é bastante utilizado em atividades que não podem ser interrompidas, como vigilância e plantões hospitalares. Segundo a legislação anterior, apenas era permitida a jornada 12 × 36 se ela fosse negociada com o sindicato. Já a nova lei permite, para as empresas que atuem no ramo da saúde, a sua adoção por acordo individual direto entre o empregado e seu empregador, sem a necessidade de aprovação do sindicato, com o propósito de simplificar a sua implementação neste setor. Para empresas dos demais setores, continua a necessidade de negociação com o sindicato.

36   REFORMA TRABALHISTA

Intervalos para refeição e descanso

Ainda merece destaque a modificação das regras sobre a redução do intervalo para refeição e descanso. Antes da reforma, a CLT determinava que todos os empregados que trabalhassem mais de seis horas consecutivas eram obrigados a usufruir de um intervalo de, no mínimo, uma hora, para recompor suas energias e alimentar-se. Mas em certas situações, quando é possível que o repouso e alimentação ocorram, sem pressa, em período inferior ao mínimo legal, pode ser do interesse do próprio empregado usufruir de intervalo mais curto a fim de encerrar seu dia de trabalho mais cedo. A rigidez da legislação trabalhista, contudo, somente permitia a redução de intervalos mediante autorização do Ministério do Trabalho. E a obtenção dessa autorização estava sujeita ao cumprimento de uma série de condições pela empresa, inclusive a ausência da prática de horas extras. Tais exigências, muitas vezes, inviabilizavam a redução dos intervalos.

A nova lei dispensa a empresa do pedido de autorização ao Ministério do Trabalho para a redução dos intervalos, passando a exigir apenas a previsão em acordo firmado com o sindicato. A reforma também esclareceu a questão das horas extras a serem pagas pela empresa quando o intervalo para refeição e descanso é descumprido. Embora não houvesse lei clara sobre o assunto, os tribunais trabalhistas entendiam que a empresa teria que pagar o período cheio do intervalo como hora extra, ainda que apenas uma parte dele tivesse deixado de ser usufruído pelo trabalhador. Assim, se o empregado tinha direito a uma hora de intervalo, mas tivesse usufruído apenas de quarenta e cinco minutos, a empresa era obrigada a pagar uma hora cheia como extra. A partir da nova lei, apenas o período suprimido (ou seja, quinze minutos, no exemplo dado) passa a ser devido como hora extra.

Intervalo da mulher

A nova lei excluiu a regra que concedia às mulheres um período de descanso de quinze minutos antes de realizarem horas extras, intervalo ao qual os homens não tinham direito. Essa regra era criticada por criar uma situação de desigualdade entre homens e mulheres e, por isso, foi suprimida.

Trabalho em regime de tempo parcial

Como forma de gerar empregos, por meio de uma melhor adequação das necessidades dos diversos setores da sociedade, a reforma trabalhista alterou algumas regras sobre a contratação de empregados em regime de tempo parcial.

O padrão normal de contratação de empregados é em tempo integral, isto é, para o trabalho de, no máximo, 8 horas diárias e 44 horas semanais, com pelo menos um dia de folga na semana. Contudo, a CLT também permite a contratação de empregados no chamado regime de tempo parcial, que, antes da reforma, era definido como o contrato com duração de até

38   REFORMA TRABALHISTA

25 horas semanais. Antes da reforma, os empregados contratados com essa carga horária reduzida não poderiam prestar horas extras e tinham direito a férias em dias proporcionais a sua jornada. Além disso, tinham direito ao recebimento dos mesmos benefícios recebidos pelos empregados em tempo integral (plano de saúde, vale-refeição etc.).

Sempre houve certo desinteresse dos empregadores na utilização desse tipo de contrato, principalmente em razão da proibição da prática de horas extras e da necessidade de conceder aos trabalhadores contratados em regime de tempo parcial os mesmos benefícios dados aos empregados em regime de tempo integral. Ou seja, não havia uma vantagem econômica para a empresa. Por essa razão, o contrato de trabalho em regime parcial acabou não sendo utilizado em larga escala no mercado de trabalho.

A reforma trabalhista alterou algumas regras sobre essa modalidade de contratação com a intenção de ampliar o seu uso e, assim, fomentar o mercado de trabalho. A jornada em regime de tempo parcial foi ampliada para 30 horas semanais, sendo permitida, ainda, a realização de até 6 horas extras semanais nos contratos que não excedam 26 horas semanais.

Ficou ainda estabelecido que as férias dos empregados contratados em regime de tempo parcial seguirão as mesmas regras daqueles contratados por tempo integral, sem uma diminuição proporcional dos dias de férias de acordo com a jornada contratada. Em outras palavras, os empregados em tempo parcial terão direito a trinta dias corridos de férias.

Espera-se que essas mudanças aumentem a utilização dessa forma de contratação, que se mostra bastante útil para aquelas empresas que necessitam criar turnos de trabalho complementares ou para aquelas que desejam contratar empregados para trabalhar em apenas alguns dias da semana e em jornadas diferenciadas, por exemplo. Trata-se, sem dúvida, de mais uma alternativa oferecida para melhor atender às necessidades de cada negócio e estimular as contratações formais.

Teletrabalho (trabalho remoto ou home office)

A CLT determina que todos os empregadores controlem as jornadas de trabalho dos seus empregados. Apenas os trabalhadores que exercem atividades externas incompatíveis com a fixação do horário de trabalho ou que ocupam o chamado "cargo de confiança" ou de gestão são exceção a essa regra. Para esses empregados, a lei expressamente exclui a necessidade de controle das jornadas e, consequentemente, o direito ao recebimento de horas extras.

Além das exceções mencionadas, a recente reforma trabalhista também excluiu do controle de jornada os empregados que exercem o regime de teletrabalho. O teletrabalho, também chamado de trabalho remoto ou home office, não era regulamentado pela CLT.

Quem trabalhar em *home office* não terá a sua jornada de trabalho controlada.

Agora, ele foi definido pela reforma trabalhista como aquele em que a prestação de serviços ocorre preponderantemente fora das dependências do empregador, por meio da utilização de tecnologias de informação e de comunicação. Além disso, a nova lei deixa claro que o simples comparecimento do empregado às dependências do empregador para a realização de atividades específicas não será suficiente para descaracterizar o regime de teletrabalho. A reforma, portanto, instituiu regras claras para tratar do teletrabalho, o qual já é amplamente praticado por muitas empresas.

A nova lei diz que essa modalidade de prestação de serviços deverá estar claramente prevista no contrato de trabalho e pode ser, posteriormente, transformada em trabalho presencial, desde que a empresa garanta ao empregado um prazo de transição mínimo de quinze dias e formalize essa mudança em aditivo contratual.

O contrato de trabalho que será firmado entre as partes deverá prever claramente de quem será a responsabilidade pela aquisição, manutenção e fornecimento dos equipamentos tecnológicos e da infraestrutura necessária para a prestação do trabalho remoto (*notebook*, cadeira, mesa etc.). O contrato também deverá determinar quais despesas serão reembolsadas pelo empregador (internet, luz, telefone etc.). De qualquer forma, ainda que as partes decidam que cabe ao empregador o fornecimento de tais utilidades, não incidirão sobre esses valores os encargos previdenciários que incidem sobre outras verbas trabalhistas, e eles não farão parte da base de cálculo do FGTS.

Os empregadores serão responsáveis por orientar os empregados quanto às precauções que devem observar em regime de teletrabalho, a fim de evitar a ocorrência de doenças e acidentes do trabalho. Cabe à empresa instruir os trabalhadores sobre questões de ergonomia, iluminação, temperatura, dentre outras, o que equivale a dizer que a empresa continua tendo o dever de zelar pela saúde e segurança do empregado, ainda que o regime seja de teletrabalho.

A inserção de um capítulo específico na lei para tratar do teletrabalho com certeza eliminará uma série de dúvidas e discussões que antes existiam sobre a ausência de controle das jornadas, a responsabilidade pelos equipamentos de trabalho, a possibilidade de alteração do regime, dentre tantos outros pontos.

Considerando a crescente dificuldade de mobilidade nos grandes centros urbanos, o incentivo ao teletrabalho é um dos pontos mais positivos da reforma trabalhista. Essa medida busca, em última análise, a melhoria na qualidade de vida desses trabalhadores, possibilitando um melhor equilíbrio entre suas atividades profissionais e pessoais.

Trabalho intermitente

Um dos pontos mais polêmicos da reforma trabalhista foi a introdução de uma nova modalidade de contratação denominada trabalho intermitente. No trabalho intermitente, o empregado é regularmente contratado, com registro em carteira, com todos os direitos garantidos, mas em um sistema mais flexível de trabalho.

A nova lei considera como intermitente o contrato de trabalho no qual a prestação de serviços não é contínua, mas ocorre em períodos (horas, dias ou meses) alternados de serviços e de inatividade. Ele pode ser utilizado em qualquer setor, exceto para aeronautas.

No trabalho intermitente, as empresas poderão contratar um empregado para trabalhar esporadicamente e pagá-lo apenas pelo período durante o qual prestou seus serviços, ou seja, pelo tempo efetivamente trabalhado. Não há garantia de um mínimo de horas, dias, ou meses contratados. Há, no entanto, algumas regras que deverão ser observadas, as quais serão a seguir detalhadas.

A primeira delas é que contrato de trabalho intermitente deverá ser celebrado por escrito e deverá indicar o valor da hora de trabalho. Esse valor não poderá ser inferior ao valor horário do salário mínimo ou daquele devido aos demais empregados do estabelecimento que exerçam a mesma função, em contrato intermitente ou não.

44 REFORMA TRABALHISTA

Quando o empregador desejar que o empregado intermitente preste serviços, deverá convocá-lo por qualquer meio de comunicação eficaz (e-mail, carta, Whatsapp etc.), indicando o período de prestação de serviços desejado, com pelo menos três dias corridos de antecedência. O empregado, por sua vez, terá o prazo de 24 horas após o recebimento da convocação para responder ao chamado. Se o empregado não responder, o empregador presumirá que este recusou a oferta. Nos intervalos em que não é convocado para prestar serviços para o empregador, o empregado poderá prestar serviços a outras empresas.

A cada doze meses o empregado adquirirá o direito a férias de 30 dias, devendo usufruí-las dentro dos doze meses subsequentes. Durante as férias, o empregado não poderá prestar serviços para o mesmo empregador para o qual tenha trabalhado nos doze meses antecedentes. Poderá, no entanto, trabalhar para outras empresas.

Na data ajustada entre as partes, o empregado receberá o pagamento imediato da sua remuneração, das férias proporcionais acrescidas de um terço, do 13º salário proporcional, do descanso semanal remunerado e dos eventuais adicionais legais, como horas extras, por exemplo. Caberá ao empregador efetivar o recolhimento da contribuição previdenciária e o depósito do FGTS, na forma da lei, com base nos valores pagos no mês.

Se não houver convocação do empregado pela empresa durante um ano, o contrato será considerado rescindido de pleno direito.

Como se pode perceber, várias regras deverão ser observadas pelas partes para que essa modalidade de contratação seja possível. Os defensores do contrato de trabalho intermitente entendem que essa modalidade traz para a formalidade os inúmeros empregados que atualmente exercem os chamados "bicos" e que se encontram desamparados das garantias existentes em uma relação de emprego, sem direito a férias, 13° salário, repouso semanal remunerado, adicionais legais (como hora extra), depósitos para o FGTS, além da contagem do tempo de serviço para fins de aposentadoria.

Aqueles que se opõem a esse ponto da reforma defendem que essa modalidade de contratação atenderá apenas aos empresários, que poderão contratar e dispor de mão de obra mais barata apenas quando necessitarem, resultando na precarização da relação de emprego.

Trabalho autônomo

Com o objetivo de confirmar a possibilidade de as empresas contratarem trabalhadores autônomos sem registro em carteira de trabalho, a reforma trabalhista trouxe regra clara de que o autônomo poderá trabalhar para uma empresa, de forma contínua ou não, sem se tornar seu empregado registrado.

O trabalhador autônomo é aquele profissional que exerce sua atividade sem vínculo empregatício, por conta própria, de forma eventual e não habitual, e assumindo os riscos de sua atividade econômica. Isso significa que eles são responsáveis por adquirir as suas próprias ferramentas e materiais de trabalho. São exemplos típicos de trabalhadores autônomos os encanadores, advogados, engenheiros, nutricionistas, médicos, pedreiros, pintores.

A principal diferença entre um empregado registrado e um trabalhador autônomo é que este exerce as suas atividades profissionais com ampla autonomia e independência, definindo seu próprio horário e sua margem de lucro, sem receber determinações e ordens diretas de qualquer pessoa ou empresa. Portanto, diz a nova lei que o autônomo não poderá ter subordinação em relação à empresa, ou seja, não poderá ter suas atividades controladas e dirigidas por ela.

O que realmente chama a atenção no texto da reforma é a previsão expressa de que o trabalhador autônomo, a partir de agora, poderá trabalhar de forma contínua para a mesma empresa, sem que isso leve ao reconhecimento da existência de uma relação de emprego. É vetado, contudo, que o contrato firmado com o autônomo exija exclusividade.

O forte aumento no número de trabalhadores autônomos nos últimos anos levou a um aumento expressivo de novas ações perante a Justiça do Trabalho apresentadas por esses profissionais, geralmente em busca do reconhecimento da relação de emprego com as empresas tomadoras dos serviços, a fim de receber o registro na carteira de trabalho e as verbas típicas de uma relação de emprego (FGTS, INSS, férias, 13º salário, horas extras etc).

Ao estabelecer que o autônomo poderá trabalhar de forma habitual apenas para uma mesma empresa, a reforma trabalhista buscou esvaziar os questionamentos judiciais mencionados anteriormente. Isso porque, embora o trabalho exclusivo não seja um requisito previsto em lei para a configuração do vínculo de emprego, a Justiça do Trabalho vinha utilizando esse fundamento para afastar a condição do trabalho autônomo. O que ainda não se pode, contudo, é exigir a exclusividade do autônomo em contrato.

A exemplo da nova previsão do trabalho intermitente, essa nova regra para o trabalho autônomo também gerou muita controvérsia. De um lado, os defensores dessa alteração entendem que a inclusão da possibilidade de o trabalho autônomo ser exclusivo e habitual não descaracterizará a sua natureza, pois permanecerá ausente a subordinação, que é a principal característica de uma relação de emprego. Ou seja, o trabalhador autônomo pode, ainda assim, continuar trabalhando de maneira independente. De outro lado, os críticos dessa alteração entendem que a criação do "autônomo exclusivo" facilitará a contratação de trabalhadores sem carteira assinada, a chamada "pejotização".

48 REFORMA TRABALHISTA

Assim, para haver uma efetiva ampliação do conceito de trabalhador autônomo pela nova lei, as empresas deverão agir com cautela e parcimônia, evitando a contratação indiscriminada de profissionais na condição de autônomos. Elas deverão verificar se o profissional realmente será autônomo e independente na prática. Caso contrário, havendo subordinação ou dependência à empresa, então estaremos diante de um verdadeiro empregado que deve ser registrado em carteira.

Este é um tema bastante polêmico e que certamente ainda será discutido na Justiça do Trabalho.

Término do contrato de trabalho

Antes da reforma trabalhista, um contrato de trabalho poderia ser encerrado apenas por iniciativa do empregado ou do empregador. Não havia a possibilidade de haver uma rescisão conjunta, de iniciativa de ambas as partes, quando ambas tivessem interesse em rescindir o contrato. A nova lei passou a contemplar essa situação.

Segundo a antiga legislação, havia somente duas situações possíveis para que um empregado deixasse seu emprego em casos de inexistência de falta grave: o empregado era dispensado sem justa causa ou pedia demissão.

Na primeira situação, quando o interesse no encerramento do contrato é do empregador, mas o empregado não cometeu falta grave, o empregador dispensa o empregado sem justa causa. Nesse caso, paga a este, além do saldo de salário, o aviso-prévio, as férias proporcionais ou vencidas, acrescidas de um terço, o 13° salário proporcional e a multa de 40% sobre o FGTS. O empregado pode sacar os valores que se encontram depositados na sua conta do FGTS e receber o seguro-desemprego.

Na segunda situação, quando é do empregado o interesse em deixar o emprego, sem que a empresa tenha cometido falta grave, ele pede demissão. Nesse caso, o empregado tem a obrigação de conceder aviso-prévio à empresa, perde o direito à multa de 40% sobre os depósitos do FGTS e não pode receber o seguro-desemprego ou sacar seu FGTS.

A inexistência de um meio-termo entre essas duas situações (dispensa sem justa causa ou pedido de demissão) muitas vezes levava o empregado que pretendia rescindir o seu contrato de trabalho a solicitar à empresa um "acordo" para que pudesse receber ao menos parte de suas verbas rescisórias. Assim, por exemplo, o empregador dispensava-o sem justa causa, para que ele pudesse sacar os depósitos do FGTS e dar entrada no seguro-desemprego e, em troca, o empregado comprometia-se a devolver à empresa a multa de 40% do FGTS. Esse tipo de acordo, considerado fraudulento, traz riscos para ambas as partes, inclusive na esfera criminal, por conta da configuração do crime de estelionato contra entidade pública, e é tratado como uma verdadeira simulação.

Poderão empregado e empresa rescindir o contrato de trabalho por mútuo acordo, caso em que as verbas rescisórias serão devidas pela metade.

Visando encontrar uma solução, a reforma trabalhista criou uma terceira situação: a extinção do contrato de trabalho por acordo entre empregador e empregado. A nova lei estabelece que, quando ambas as partes tiverem interesse no encerramento do contrato de trabalho, será devida ao empregado apenas a metade do aviso-prévio (se indenizado e não trabalhado) e da multa do FGTS. As demais verbas são devidas integralmente (13º salário proporcional, férias vencidas e proporcionais e saldo de salário). Além disso, o empregado poderá movimentar até 80% do valor dos depósitos na sua conta vinculada do FGTS, mas não terá direito a receber o seguro-desemprego.

Esse ponto da reforma trabalhista certamente atendeu aos interesses dos empregados e dos empregadores, evitando a ocorrência de simulações que expunham os envolvidos a riscos e possibilitando que a vontade de ambas as partes seja exercida com autonomia.

RELAÇÕES COLETIVAS

Neste capítulo, trataremos das novidades que foram trazidas pela reforma nas relações coletivas, isto é, na dinâmica entre grupos de empregados e seus respectivos empregadores e sindicatos.

O primeiro grande ponto de destaque é a extinção da contribuição sindical obrigatória, também conhecida como "imposto sindical". Essa contribuição, no valor de um dia de salário, é descontada todos os anos do salário dos empregados e repassada ao sindicato da categoria, sem que o empregado tenha o direito de recusar-se a pagar. As empresas, por sua vez, também são obrigadas a recolher uma contribuição obrigatória aos sindicatos que representam a sua categoria econômica, os chamados "sindicatos patronais".

O imposto sindical é muito criticado justamente em razão dessa obrigatoriedade. Contribuir ou não com determinado sindicato deveria ser uma opção tanto para os empregados quanto para os empregadores. A existência de uma contribuição sindical obrigatória serve como garantia de financiamento às entidades sindicais, o que as dispensa de se esforçarem verdadeiramente para defender os interesses dos trabalhadores e empregadores de sua categoria.

Por isso, a partir da reforma, a contribuição sindical obrigatória tornou-se facultativa. Ou seja, o seu desconto do

54 REFORMA TRABALHISTA

salário dependerá de prévia e expressa autorização por parte do empregado. A mesma regra vale para a empresa, que também poderá optar entre recolher ou não a contribuição em favor de seu sindicato patronal.

Essa mudança é extremamente relevante, pois altera a dinâmica entre sindicatos, trabalhadores e empresas. Agora, os sindicatos terão que realmente estar presentes e próximos da categoria que representam, atuando para defender os seus interesses, sob pena de empresas e trabalhadores se recusarem a pagar a contribuição sindical.

O segundo grande ponto da reforma, no que diz respeito às relações coletivas de trabalho, é a inclusão da regra de que as condições que forem negociadas entre a empresa ou seu sindicato patronal, de um lado, e o sindicato dos empregados, de outro lado, terão força de lei, mesmo se contrariarem a lei ou diminuírem direitos do empregado. Além disso, as condições previstas em acordo coletivo, isto é, o documento assinado entre a empresa e o sindicato dos empregados, que vale apenas no âmbito daquela empresa, prevalecem sobre aquelas firmadas em convenções coletivas que são celebradas entre sindicato patronal e profissional e valem, portanto, para toda uma categoria. Apenas não podem ser negociados direitos que são tidos como questões de ordem pública, a exemplo do salário mínimo e do Fundo de Garantia do Tempo de Serviço (FGTS).

A lógica por trás disso não é reduzir ou precarizar direitos dos trabalhadores. Ao contrário: parte-se da premissa de que os empregados, enquanto estão representados por seu sindicato profissional, deixam de possuir a condição de parte mais fraca e podem negociar as suas condições de trabalho com a empresa em pé de igualdade. Presume-se, também, que quanto mais específica for uma regra, mais eficaz ela será. Enquanto a lei possui caráter geral, a norma coletiva é mais específica a determinado setor ou empresa. Faz sentido, portanto, que as condições desta prevaleçam.

Por exemplo, hoje a lei diz que os empregados devem descansar nos dias de feriado. Contudo, pode ser interessante para determinada empresa e seus empregados trocar esses feriados por dias de descanso ao final de suas férias, para que possam ter férias mais longas. Antes, esse tipo de troca não era possível, pois contrariava a lei. Agora, ele pode ser negociado por acordo entre a empresa e o sindicato.

A prevalência do negociado sobre o legislado sem dúvida permitirá que empresas e empregados estabeleçam condições de trabalho que melhor se adequem às suas realidades.

Representantes dos trabalhadores na empresa

Outra novidade diz respeito à introdução da figura de representantes dos empregados no local de trabalho. A reforma garante aos trabalhadores de empresas com mais de 200 empregados o direito de instituir uma comissão de representantes sem qualquer vínculo com o sindicato. Essa comissão tem

56   REFORMA TRABALHISTA

a função de intermediar a relação entre a empresa e os trabalhadores, levando para a empresa os pedidos e reclamações dos empregados, para que o ambiente de trabalho seja seguro e saudável. Ela deve, também, buscar mediar os conflitos existentes. O Quadro 2 traz um resumo das regras relacionadas à formação dessa comissão.

Quadro 2. Representantes dos trabalhadores na empresa

Quais empresas são obrigadas a assegurar uma comissão de representantes dos trabalhadores?	Apenas empresas com mais de 200 empregados, somando-se os empregados de todos os estabelecimentos e filiais da empresa	
Quantos membros deve ter a comissão de representantes?	Empresas com mais de 200 até 3 mil empregados	3 membros
	Empresas com mais de 3 mil empregados	5 membros
	Empresas com mais de 5 mil empregados	7 membros
	Empresas que tenham filiais em mais de um estado	Deve ser constituída uma comissão em cada estado, observando-se o número de membros acima

Quais são as funções da comissão de representantes?	- Representar os empregados perante a administração da empresa - Aprimorar o relacionamento entre a empresa e seus empregados - Promover o diálogo no ambiente de trabalho com o fim de prevenir conflitos - Buscar soluções para conflitos decorrentes da relação de trabalho de forma rápida e eficaz, com a observância da lei e dos contratos - Assegurar o tratamento justo e imparcial aos empregados, combatendo a discriminação - Encaminhar reivindicações dos empregados ao empregador - Acompanhar o cumprimento de leis e normas coletivas
Quem pode se candidatar à comissão?	Qualquer empregado da empresa, exceto aqueles: - contratados por prazo determinado - com contrato suspenso - em período de aviso prévio (indenizado ou trabalhado) - terceirizados - contratados como pessoa jurídica - sem controle de horário (regime *home office*)
De quanto tempo é o mandato dos membros da comissão?	1 ano
Há direito à estabilidade?	Sim, os membros não podem ser dispensados sem justa causa desde o registro da candidatura até 1 ano após o fim do mandato, exceto por razão disciplinar, técnica, econômica ou financeira

58   REFORMA TRABALHISTA

O objetivo dessa regra é possibilitar que conflitos trabalhistas sejam solucionados diretamente entre a empresa e seus empregados, evitando discussões com o sindicato e batalhas judiciais. Presume-se que a comissão de representantes dos empregados, por estar inserida na realidade e nas operações da empresa, e próxima dos trabalhadores, poderá dialogar e mediar conflitos de maneira mais eficaz. Espera-se, portanto, evitar que reclamações trabalhistas cheguem à Justiça do Trabalho, pois isso atrasa a resolução dos conflitos e nem sempre produz os resultados mais adequados para as duas partes.

Termo de quitação de obrigações trabalhistas

É comum ouvir de empresários a reclamação de que não há qualquer segurança na celebração de acordos com empregados e ex-empregados, pois estes podem sempre entrar com ações trabalhistas depois do acordo e pedir até mesmo parcelas que já foram pagas.

Para tentar reduzir essa insegurança, a reforma trouxe a possibilidade de assinatura de um termo de quitação anual de obrigações trabalhistas, que antes não era previsto na nossa legislação. Esse termo é um documento que poderá ser emitido pelo empregado, na presença do seu sindicato, uma vez ao ano, confirmando que houve o cumprimento de obrigações trabalhistas por parte da empresa. Assim, por exemplo, o empregado e o sindicato declaram que houve o correto pagamento de horas extras e de salários, que foram cumpridas as regras previstas na convenção coletiva etc. Uma vez emitido esse termo, as obrigações nele descritas não poderão ser posteriormente cobradas na Justiça do Trabalho.

O objetivo disso é que os problemas sejam gradativamente solucionados durante o contrato de trabalho, a cada ano, e não acumulados ao longo do tempo para, depois, serem cobrados de uma só vez na Justiça do Trabalho. Espera-se que, como resultado, haja uma redução das reclamações trabalhistas.

SOCIEDADES

A reforma trabalhista trouxe novas regras a respeito da responsabilidade por dívidas trabalhistas de empresas que mantenham negócios e relações comerciais entre si e de sócios que se retiram de uma sociedade. Explicaremos as mudanças nos tópicos seguintes.

Grupo econômico

A definição do chamado grupo econômico é muito importante para o direito do trabalho, porque a lei estabelece a chamada responsabilidade solidária para as empresas que façam parte de um mesmo grupo empresarial. Essa responsabilidade solidária significa que qualquer verba trabalhista devida por uma das empresas do grupo pode, ao mesmo tempo, ser cobrada das demais empresas daquele grupo.

Antes da reforma trabalhista, a lei dizia que, para que houvesse um grupo econômico, as empresas teriam de ser dirigidas, controladas ou administradas por outra empresa em comum (a chamada "empresa-mãe"). Ou seja, de acordo com a lei, teria de haver essa relação societária formal entre as empresas. Contudo, na prática, essa regra não era aplicada rigorosamente pelos juízes trabalhistas, que vinham ampliando o conceito de grupo econômico com o objetivo de encontrar formas de satisfazer os débitos trabalhistas, uma vez que estes envolvem salários e outros direitos fundamentais do trabalhador.

Assim, os juízes não consideravam apenas a relação contratual formal entre as empresas – como ocorre em outras áreas como a comercial e a empresarial – e a existência de uma empresa-mãe, mas também a maneira como elas se relacionavam no dia a dia de suas operações. Se, na prática, as empresas tivessem uma coordenação de interesses, poderia haver o reconhecimento de grupo econômico para efeitos trabalhistas e, como consequência, a responsabilidade solidária das empresas pelas verbas trabalhistas.

A coordenação de interesses poderia ocorrer em diversas situações, por exemplo: quando duas ou mais empresas tivessem empregados em comum; quando atuassem na mesma operação, com atividades distintas, mas para a produção final de um mesmo item; quando estivessem instaladas no mesmo estabelecimento, dividindo, por exemplo, serviços de vigilância, limpeza etc. Geralmente, uma combinação desses e de outros fatores levava ao reconhecimento do grupo econômico. O problema é que não havia uma definição clara do que seria essa coordenação.

Assim, antes da reforma, eram comuns os casos de empresas obrigadas a pagar débitos trabalhistas alheios, muitas vezes sem sequer terem conhecimento do processo trabalhista desde o seu início, sempre sob a alegação de que seriam integrantes de um mesmo grupo econômico. A mera presença de um mesmo sócio entre duas ou mais empresas, mesmo que com participação mínima no capital social, muitas vezes já era suficiente para que fosse reconhecido o grupo econômico entre as empresas, e o débito trabalhista pudesse ser cobrado de qualquer uma delas. Essa situação gerava muitas surpresas desagradáveis e muita insegurança aos empresários.

A reforma trabalhista alterou a Consolidação das Leis do Trabalho (CLT) a fim de esclarecer a questão do grupo econômico. De agora em diante, a lei diz que não há mais a necessidade de uma empresa-mãe exercer uma "dominação" sobre outras para que fique caracterizado o grupo econômico, podendo haver o grupo por coordenação de interesses. Todavia, com prudência, a nova lei se preocupou em impor limites a essa coordenação, estabelecendo que deve haver entre as empresas um interesse integrado, uma efetiva comunhão de objetivos e a atuação conjunta para que seja reconhecido o grupo. Esses três requisitos devem estar todos presentes, simultaneamente.

Além disso, a nova lei diz que a simples existência de sócios em comum não é suficiente para a caracterização do grupo econômico trabalhista. Deve-se verificar se há, de fato, a verdadeira coordenação. Evidentemente, para os casos em que há uma empresa-mãe ou pessoa que exerce domínio sobre as outras, nada mudará, continuando a haver a configuração do grupo econômico nesses casos.

Apenas para citar um exemplo, vamos considerar o caso de um microempresário que possui uma sociedade de muitos

64 REFORMA TRABALHISTA

anos e que explora o ramo de importação de vinhos, da qual fazem parte ele e sua esposa, ele com 99% das cotas e sua esposa com 1%. Esse microempresário decide, então, investir com três amigos na abertura de quatro restaurantes italianos franqueados, com participação de 25% cada. A crise econômica, a excessiva carga tributária, a burocracia estatal e o mercado competitivo atrapalham esse novo negócio, e a pequena rede de restaurantes fecha suas portas, deixando de pagar verbas trabalhistas de seus empregados.

Antes da reforma trabalhista, seria possível reconhecer a existência de um grupo econômico entre a importadora de vinhos e a rede de restaurantes italianos, ainda que essas empresas atuassem em ramos completamente distintos, pelo simples fato de o microempresário em questão ser sócio de ambas. Assim, a Justiça do Trabalho poderia determinar que a importadora de vinhos, que não quebrou, pagasse as dívidas trabalhistas da rede italiana.

Agora, após a reforma trabalhista, a sociedade importadora de vinhos não poderá ser obrigada a pagar os débitos trabalhistas da rede de restaurantes falida, na medida em que há apenas a identidade de sócios, situação insuficiente, por si só, para caracterizar grupo econômico.

No mesmo exemplo, consideremos que o microempresário se junta aos mesmos três amigos, mas assume a condição de administrador do negócio de restaurantes com 70% das cotas. Valendo-se de sua posição de administrador, passa a comprar vinhos da outra empresa e expõe propaganda da importadora nos cardápios e nas mesas dos restaurantes italianos. Teremos, então, uma situação de grupo econômico, em que a empresa importadora de vinhos poderá ser responsabilizada pelos débitos trabalhistas da rede de restaurantes, pois não há mais apenas a identidade de sócios, mas, também, uma coordenação de interesses.

A mudança da lei, nesse ponto, é bastante positiva, pois foram estabelecidos critérios claros e objetivos que deverão necessariamente ser comprovados para o reconhecimento de um grupo econômico, antes que uma empresa possa ser responsabilizada pelos débitos trabalhistas de outra. Assim, a reforma trabalhista trouxe mais segurança jurídica aos empresários, sem prejudicar os direitos dos trabalhadores.

Sucessão empresarial e responsabilidade do sócio retirante

A sucessão empresarial também tem características mais amplas no direito do trabalho do que em outras áreas, como a civil e a comercial. Isso porque, com o propósito de proteger os trabalhadores, a lei trabalhista dispõe que a sucessão empresarial não pode afetar os direitos trabalhistas dos empregados que foram assumidos pela nova empresa, o que significa que os empregados não poderão sofrer redução de salários, diminuição de benefícios ou qualquer outro prejuízo aos seus direitos trabalhistas.

Via de regra, haverá a chamada sucessão empresarial quando uma empresa adquirir outra, com todas as formalidades de transferência das cotas ou ações perante os respectivos órgãos estatais (junta comercial ou Comissão de Valores Mobiliários). Essa é a forma clássica de sucessão no direito civil e comercial.

Mas, para a Justiça do Trabalho, a sucessão empresarial pode ocorrer quando há a simples transferência de uma unidade produtiva de uma empresa a outra, ainda que apenas parcialmente, e mesmo que não sejam adotadas quaisquer formalidades societárias ou documentais. Ou seja, para haver sucessão empresarial, basta que uma empresa transfira para outra um conjunto de bens, máquinas, equipamentos, empregados, clientes, marcas, ponto comercial etc.

O ponto mais polêmico em relação à sucessão empresarial está na responsabilidade trabalhista a ser assumida pela empresa sucessora (aquela que recebeu uma unidade produtiva ou adquiriu outra empresa) dessa unidade produtiva, bem como na eventual responsabilidade que permanecerá com a empresa sucedida (aquela que transferiu a sua unidade produtiva ou que foi vendida).

Antes da reforma, os tribunais trabalhistas vinham decidindo que as obrigações e débitos trabalhistas da empresa sucedida eram integralmente assumidos pela empresa sucessora. Assim, a empresa sucessora poderia ser obrigada a pagar débitos trabalhistas do passado, referentes a empregados da empresa sucedida que sequer chegaram a lhe prestar serviços. Já a empresa sucedida, após vender a sua unidade produtiva, como regra, deixava de ter responsabilidade sobre quaisquer débitos trabalhistas, passados ou futuros.

A única exceção a esse entendimento ocorria nos casos de fraude, em que se comprovava que as empresas estavam atuando de má-fé, tentando ocultar e desviar bens para não pagar débitos trabalhistas. A fraude ocorre, por exemplo, quando uma empresa com muitos débitos trabalhistas transfere a outra, que não tem condições financeiras de assumir todas essas dívidas (como o famoso "laranja"), uma determinada unidade produtiva. Nesse caso, como está evidente que a transação tinha o objetivo de livrar a empresa sucedida e seus sócios das dívidas, a fraude seria reconhecida. Como consequência, as empresas se tornariam responsáveis solidárias e poderiam, assim, ser cobradas conjuntamente pelos débitos, anteriores ou posteriores à sucessão.

A reforma trabalhista manteve todos esses conceitos, mas tomou o cuidado de esclarecer questões que eram apenas entendimentos da Justiça do Trabalho e inseri-los na lei. Agora, portanto, está na lei a responsabilidade integral do sucessor pelas obrigações trabalhistas, não importando a data em que foram constituídas, se antes ou depois da sucessão. Também está na nova lei a regra de que, no caso de fraude, haverá a responsabilidade conjunta de sucessor e sucedido.

Outra inovação muito importante da reforma foi a introdução de regras claras sobre a responsabilidade dos sócios em relação às obrigações trabalhistas da empresa. Quem já não

68 REFORMA TRABALHISTA

ouviu histórias de conhecidos ou parentes que tiveram seu patrimônio penhorado, sem qualquer notificação prévia, por conta de dívidas de empresas das quais já tinham se desligado havia muito tempo? E, em muitos casos, essas histórias são ainda mais dramáticas porque são penhorados valores de maneira instantânea, por meio do bloqueio direto na conta bancária e até mesmo em investimentos.

A reforma trabalhista trouxe avanços nesse ponto, estabelecendo regras para limitar a responsabilidade trabalhista do sócio que se retira de uma empresa. O Código Civil já estabelece que a responsabilidade do sócio retirante pelas obrigações da sociedade permanece apenas até dois anos após registrada a sua saída. Mas nem sempre essa regra era aplicada pela Justiça do Trabalho. Decisões das mais variadas eram encontradas, e sócios que haviam se retirado há muito tempo de empresas tiveram, anos depois, o seu patrimônio afetado por dívidas trabalhistas posteriores à sua saída.

Além disso, nem sempre a Justiça do Trabalho seguia a ordem adequada para tentativa de penhora de bens, sendo comum casos em que se partia para a cobrança direta de sócios e ex-sócios, sem que antes tivessem sido esgotadas as tentativas de recebimento do crédito da empresa devedora. A reforma trabalhista, nesse ponto, tratou de trazer maior segurança jurídica aos sócios, estabelecendo claramente que o sócio retirante responderá pelas obrigações trabalhistas da sociedade de que saiu apenas de maneira subsidiária, isto é, antes de se cobrar o ex-sócio pela dívida, deverão necessaria-

O sucessor de um negócio responde por todos os débitos trabalhistas da empresa que assumiu, salvo em caso de fraude.

70 REFORMA TRABALHISTA

mente ser cobrados, primeiramente, a empresa devedora, e, em segundo lugar, os sócios atuais.

Ademais, o sócio retirante apenas pode ser cobrado por obrigações trabalhistas referentes ao período em que figurou como sócio e desde que as ações trabalhistas sejam ajuizadas em até dois anos depois da sua saída.

A reforma trabalhista, portanto, trouxe critérios objetivos para a responsabilização do sócio retirante, pondo fim à insegurança que antes existia. Agora, há a certeza de que, após dois anos da saída de uma sociedade, o ex-sócio não mais será surpreendido com a cobrança de débitos trabalhistas passados.

Houve, ainda, a introdução de um procedimento específico para que qualquer sócio ou ex-sócio possa ser responsabilizado pelos débitos de uma empresa. Trata-se do chamado "incidente de desconsideração da personalidade jurídica", que estabelece regras para que se desconsidere a empresa como uma pessoa jurídica, independente em suas obrigações trabalhistas, abrindo caminho para que sócios e outros terceiros possam ser responsabilizados pelos seus débitos.

Esse procedimento fortalece o direito de defesa dos sócios, na medida em que, antes de qualquer ato de cobrança ou de penhora, o juiz ficará obrigado a dar oportunidade de manifestação aos interessados. E, para apresentar a sua defesa, o interessado não precisará depositar qualquer valor ou oferecer qualquer garantia no processo trabalhista, o que muitas vezes era exigido antes da reforma trabalhista. Assim,

O sócio que se retira de uma sociedade é responsável apenas pelas obrigações trabalhistas relativas ao período em que tenha sido sócio, em ações ajuizadas até dois anos após a sua retirada da empresa.

com esse procedimento, garante-se que o sócio ou o ex-sócio apenas sejam responsabilizados pelos débitos trabalhistas da empresa em casos excepcionais, e sempre após terem a oportunidade de se manifestar e se defender.

AÇÃO TRABALHISTA

A Consolidação das Leis do Trabalho (CLT), além de regulamentar questões relacionadas aos direitos trabalhistas, como férias, 13º salário, horas extras etc., também traz regras sobre a tramitação de um processo na Justiça do Trabalho quanto a prazos, recursos, custas, dentre outros. Com a reforma trabalhista, foram feitas muitas alterações nas regras sobre processo do trabalho, mas destacaremos aqui apenas as mais relevantes e que mais impactam o dia a dia de quem está envolvido em alguma reclamação trabalhista. Deixaremos de lado, portanto, questões muito técnicas, que interessam mais aos advogados.

A primeira informação a ser destacada é que todas as regras processuais introduzidas pela reforma trabalhista serão imediatamente aplicáveis aos casos já em andamento na Justiça do Trabalho. Essa situação é extremamente relevante, porque a nova lei trouxe uma série de consequências para o autor e o réu de uma ação trabalhista que antes não existiam, mas que passarão a valer nos seus processos. Atenção: estamos aqui falando apenas das regras de processo do trabalho aplicáveis às reclamações trabalhistas, e não das novas regras sobre direitos trabalhistas materiais.

Até a reforma trabalhista, os chamados honorários advocatícios de sucumbência, ou seja, aqueles devidos pela parte perdedora à vencedora, apenas eram devidos quando

74 REFORMA TRABALHISTA

o trabalhador estivesse assistido no processo pelo seu sindicato. Além disso, para ter direito ao pagamento desses honorários, o empregado tinha que receber salário inferior a dois salários mínimos ou se encontrar em situação econômica que não lhe permitisse pagar custas processuais sem causar prejuízo ao seu sustento. Para a empresa, em regra, não havia a possibilidade de receber tais honorários, ainda que fosse vencedora do processo.

Com a reforma trabalhista, a situação mudou bastante. Agora serão devidos honorários pela parte perdedora do processo ao advogado da parte contrária. O valor será fixado entre o mínimo de 5% e o máximo de 15% sobre o valor da condenação ou do valor atualizado dado à causa. É importante ter em mente que esses honorários de sucumbência não se confundem com os honorários que são contratados diretamente entre a parte e o seu advogado particular. Estes continuam sendo devidos na forma em que foram ajustados entre parte e advogado particular.

Assim, a partir da reforma, o trabalhador correrá o risco de ter que pagar honorários advocatícios à parte contrária se os pedidos que apresentar na reclamação trabalhista forem improcedentes, ainda que apenas parcialmente. Para a empresa, da mesma forma, haverá um potencial acréscimo no valor da condenação se vier a perder o processo, pois também terá que pagar honorários ao advogado do reclamante.

Com isso, espera-se que tanto empregados como empregadores tenham mais cautela ao ajuizar reclamações trabalhistas e deixem de apresentar na Justiça do Trabalho pedidos sem fundamento, já que a improcedência desses pedidos resultará na obrigação de pagar honorários de sucumbência. Ou seja, de agora em diante haverá um risco que antes não existia.

Além disso, a lei reforçou a possibilidade da aplicação de punições àqueles que agirem de má-fé no processo. Após a reforma, apresentar pedido contrário à lei, alterar a verdade dos fatos, opor resistência ao andamento do processo, apresentar recursos apenas para atrasar o fim do processo, dentre outras condutas, ensejará o pagamento de multa no valor de 1% a 10% sobre o valor atualizado da causa. Essa mesma multa poderá ser aplicada também à testemunha que mentir em juízo. Mais uma vez, a nova lei busca que as partes tenham mais cautela em reclamações trabalhistas e ajam sempre de maneira correta.

Outra alteração importante tem relação com as custas processuais. Trata-se de valores devidos ao Estado pela movimentação da Justiça do Trabalho quando há uma reclamação trabalhista. Antes da reforma, a regra geral era de que os trabalhadores não tivessem que pagar custas processuais. Bastava apresentarem no processo uma declaração de pobreza, informando não terem condições de arcar com as custas processuais sem prejuízo de seu próprio sustento ou de sua família. Essa declaração era considerada suficiente pelos juízes para isentá-los desse pagamento. Era a chamada "Justiça Gratuita".

Agora, os juízes apenas podem conceder Justiça Gratuita aos trabalhadores que recebam salário igual ou inferior a

40% do limite máximo dos benefícios do Instituto Nacional do Seguro Social (INSS) – cerca de R$ 2,2 mil – ou que comprovem não possuir recursos para o pagamento das custas do processo. Portanto, a mera declaração do trabalhador não mais será suficiente para a concessão do benefício, exigindo-se uma prova concreta dos rendimentos.

Outra modificação introduzida pela reforma trabalhista, agora afetando as empresas, foi a permissão expressa de que o preposto, que é aquela pessoa designada pelo empregador para representá-lo nas audiências perante a Justiça do Trabalho, não seja necessariamente empregado registrado da empresa. O preposto deve, entretanto, ter pleno conhecimento dos fatos que estão sendo discutidos no processo, relacionados ao contrato de trabalho.

Além disso, a nova lei estabelece que, se o preposto não comparecer à primeira audiência, mas estiver presente o advogado da empresa, será aceita a entrega da defesa e dos documentos, situação que normalmente não era permitida. Antes da reforma, a ausência do preposto na audiência resultava, quase sempre, na impossibilidade da apresentação da defesa e de seus documentos. Isso fazia com que fossem presumidos como verdadeiros todos os fatos apresentados no processo.

Mais um ponto que traz impactos para as empresas diz respeito à mudança das regras sobre o chamado "depósito recursal", um valor depositado pela empresa para que possa apresentar recursos contra decisões. Esses valores são expressivos: atualmente, deve-se depositar o valor de R$ 9.189 para recorrer de uma decisão de primeira instância, e o dobro desse valor no caso de recurso contra decisão de segunda instância.

Portanto, muitos empresários, mesmo não se conformando com as decisões judiciais, acabam deixando de recorrer porque não têm condições de arcar com os altos valores do depósito recursal.

A nova lei trouxe inovações, estabelecendo que o valor do depósito recursal poderá ser substituído por fiança bancária ou seguro-garantia judicial. Ou seja, não haverá necessidade de desembolso do valor em dinheiro. Além disso, o valor do depósito recursal foi reduzido pela metade para entidades sem fins lucrativos, empregadores domésticos, microempreendedores individuais, microempresas e empresas de pequeno porte. Essa modificação deve incrementar o acesso aos tribunais de segundo e terceiro graus por parte dessas organizações.

Por outro lado, dessa vez restringindo as hipóteses de recurso, a nova lei estabeleceu uma nova condição para que um recurso possa ser analisado pelo Tribunal Superior do Trabalho (TST), a terceira instância. É preciso que o recurso envolva matéria que tenha "transcendência", isto é, que tenha relevância econômica, política, social ou jurídica. Portanto, não mais poderão subir ao TST recursos que tratem de assuntos corriqueiros. Essa mudança deve aumentar a celeridade na conclusão dos processos trabalhistas, que acabavam demorando mais em razão da interposição de recursos ao TST.

O QUE NÃO MUDOU

Ao longo das tensas discussões no Congresso Nacional sobre a reforma trabalhista e da Consolidação das Leis de Trabalho (CLT), era comum o discurso de deputados e senadores contrários ao projeto de lei de que a reforma estaria "rasgando a CLT'" e acabando com direitos sociais conquistados com muita luta pela classe trabalhadora.

É verdade que a reforma trabalhista tramitou muito rapidamente no Congresso Nacional, o que impediu que vários pontos fossem debatidos mais profundamente, excluídos ou até incluídos. Também é verdade que alguns direitos previstos na CLT foram modificados, às vezes para favorecer empresários, às vezes para favorecer trabalhadores. Contudo, não é verdadeiro o discurso de que a CLT foi "rasgada" pela reforma trabalhista.

O Brasil tem a importante característica de sua Constituição Federal conter artigos sobre uma série de direitos dos trabalhadores, de maneira detalhada. Essa não é uma característica comum em outros países, cujas constituições geralmente apresentam apenas princípios básicos e direitos fundamentais, de ordem mais ampla. Assim, apenas para citar alguns exemplos, a nossa Constituição prevê os direitos trabalhistas de salário mínimo, seguro-desemprego, FGTS, 13º salário, adicional noturno, limite de jornada de 8 horas diárias e 44 semanais, repouso semanal remunerado, preferencial-

80 REFORMA TRABALHISTA

mente aos domingos, horas extras com adicional de, no mínimo, 50%, férias, licenças-paternidade e maternidade, aviso prévio, adicionais de remuneração para atividades penosas, insalubres ou perigosas, dentre outros. Além desses, a Constituição também prevê direitos coletivos sobre, por exemplo, organização dos sindicatos, negociação coletiva, direito de greve, estabilidade do dirigente sindical.

A reforma trabalhista não retirou nenhum desses direitos nem poderia fazê-lo. Todos esses direitos fazem parte de um núcleo da Constituição Federal que é protegido contra modificações, o qual chamamos de "cláusulas pétreas". Tampouco houve a alteração de direitos essenciais previstos na própria CLT, como o conceito de empregado e empregador, a proibição às fraudes, a proteção da saúde e segurança do trabalhador, a proteção ao trabalho do menor e da mulher e a proibição de alterações unilaterais às condições de trabalho. Ou seja, continua havendo, em nossa legislação trabalhista, uma série de proteções aos trabalhadores.

Percebe-se, portanto, que a reforma apenas adequou a legislação a uma nova realidade já existente nas relações de trabalho, procurando modernizá-la e trazer um maior equilíbrio no tratamento dado a empregados e empregadores. É incorreto dizer que houve uma "precarização" de direitos.

Por fim, é importante lembrar que o princípio da boa-fé, que deve pautar a conduta de toda a sociedade, deve ser também observado nas relações de trabalho, inclusive na aplicação da nova lei. Assim, nas situações em que empregados ou

A reforma trabalhista não modificou direitos garantidos pela Constituição Federal.

empregadores estiverem agindo de má-fé, utilizando as novas regras para fraudar direitos ou obter vantagens indevidas, essa conduta será considerada ilícita pelo Poder Judiciário e pelo Ministério Público do Trabalho, e a parte será devidamente punida por isso. Vale dizer: a boa-fé, tanto de quem contrata quanto de quem prestará os serviços, é essencial para que a nova lei atinja os seus objetivos.

PERGUNTAS E RESPOSTAS

Por que fazer uma reforma trabalhista?

A reforma trabalhista é necessária para atualizar a lei, adequando-a aos tempos atuais. A legislação anterior não era mais compatível com a realidade social e com as novas formas de trabalho que existem hoje em dia. Essa tendência não ocorre apenas no Brasil, mas em todo o mundo. Diversos países europeus adotaram medidas semelhantes nos últimos anos.

Poderão as empresas terceirizar os seus empregados atuais?

Apesar de a lei ter autorizado a terceirização de qualquer atividade da empresa, nem todos os empregados poderão ser terceirizados. Apenas aqueles que puderem prestar os seus serviços sem subordinação à empresa contratante poderão ser terceirizados. Além disso, a nova lei exige que se aguarde o prazo de 18 meses após o término de um contrato de trabalho para a terceirização de um ex-empregado. A recomendação para as empresas é de que tenham bastante cautela na terceirização, a qual não poderá ser feita de forma indiscriminada.

84   REFORMA TRABALHISTA

É verdade que a reforma permitiu a jornada de 12 horas por dia?

Não, continua valendo o limite de jornada diário de 8 horas, previsto na Constituição Federal. A nova lei apenas autorizou um regime de compensação no qual o empregado poderá trabalhar 12 horas consecutivas e descansar por outras 36 (12 × 36). Esse regime de compensação deverá ser firmado por meio de norma coletiva assinada entre empresa e sindicato. Apenas as empresas do setor de saúde poderão implementar esse regime com a assinatura de um acordo escrito diretamente com cada empregado envolvido, sem a participação do sindicato. Além disso, deverão ser respeitados todos os intervalos de descanso previstos na lei. A recomendação para as empresas é a adoção desse regime apenas quando for possível garantir o descanso durante 36 horas seguidas após o período de 12 horas de trabalho. Se esse descanso não for realmente observado, o sistema será ilícito.

Se os teletrabalhadores estão excluídos do controle de jornada, eles poderão cumprir qualquer carga horária, sem que o empregador seja obrigado ao pagamento de horas extras?

A partir da nova lei, o empregador não terá mais que controlar as jornadas do teletrabalhador, ficando este livre para determinar os seus horários de trabalho. No entanto, isso não implica dizer que a empresa possa impor a esse trabalhador uma carga de trabalho exagerada, que sabidamente não possa ser cumprida dentro das 44 horas semanais. Caso contrário, o empregador poderá ser compelido ao pagamento de horas extras. A recomendação às empresas, portanto, é atribuir aos teletrabalhadores atividades que possam ser realizadas dentro de jornadas razoáveis, como qualquer outro empregado, garantindo os descansos previstos em lei, ainda que não haja um controle sobre as horas.

É verdade que a reforma trabalhista impede trabalhadores de ajuizar reclamações trabalhistas?

Não. O direito de ajuizar ações trabalhistas é garantido pela Constituição Federal e não foi alterado. Foram apenas introduzidas novas formas de solução de conflitos e consequências para as partes que acionarem a Justiça do Trabalho buscando valores indevidos ou atuando de má-fé. A partir de agora, aquele que perder a ação deverá pagar à parte contrária honorários advocatícios e responder pelas custas processuais. Quem estiver agindo de má-fé poderá ser obrigado a pagar multa. Recomenda-se, aqui, cuidado ainda maior na apresentação de ações trabalhistas.

86 REFORMA TRABALHISTA

Tenho um processo trabalhista em andamento. As novas regras processuais já poderão ser aplicadas ao meu caso?

Sim, as leis processuais produzem efeitos imediatos. Portanto, nos processos em curso, as partes já poderão ser condenadas em honorários de sucumbência, custas e multa por litigância de má-fé, mas deve-se ressalvar que parte das regras novas poderá ser aplicada pelos juízes apenas para as ações ajuizadas após a vigência da lei.

É verdade que poderei perder o direito às férias e ao 13º salário?

Não existe essa possibilidade. As férias, inclusive o adicional de um terço, e o 13º salário são assegurados pela Constituição Federal, a qual não foi modificada. Portanto, esses direitos continuam garantidos.

Posso escolher o sindicato que me representará?

Não. A nova lei não alterou o sistema do sindicato único que já existia em nossa legislação e que também está previsto na Constituição Federal. Portanto, cada empregado continua representado pelo sindicato de sua respectiva categoria e permanece tendo direito às condições previstas na convenção ou no acordo coletivo. O empregado ou a empresa não podem escolher outro sindicato.

Sou obrigado a recolher a contribuição sindical de um dia de salário por ano? Preciso apresentar ao sindicato uma carta de oposição?

Não, a partir da nova lei, a contribuição passa a ser facultativa, de modo que os empregados poderão optar por pagá-la ou não. Para que o empregador possa efetivar o desconto da contribuição e repassá-la ao sindicato, deverá ter autorização por escrito do empregado.

Se eu recusar o pagamento da contribuição sindical, perco o meu direito ao reajuste salarial anual?

Não. As condições previstas em convenção e acordo coletivo de trabalho, inclusive os reajustes salariais, continuarão sendo aplicadas a todos os empregados representados pelo sindicato que assinou esses instrumentos. A falta de recolhimento da contribuição não afasta esse direito.

Vou perder o direito ao recebimento de horas extras?

Não, o adicional de horas extras de pelo menos 50% não pode ser reduzido pelas empresas, pois é previsto na Constituição Federal e não foi modificado. Contudo, as empresas poderão, com maior facilidade, implementar bancos de horas para compensar horas trabalhadas a mais, em vez de pagá-las como adicional de horas extras.

88   REFORMA TRABALHISTA

Sou proprietário de uma empresa e vou vendê-la. Serei responsável pelos débitos trabalhistas dessa empresa após a venda?

Não. Via de regra, a responsabilidade pelos débitos trabalhistas de uma empresa vendida será de quem adquirir o negócio, ou seja, da empresa sucessora. No entanto, em caso de fraude (por exemplo, se a venda ocorreu apenas para se livrar de uma dívida), a sua responsabilidade permanecerá, em conjunto com o novo proprietário da empresa.

Fui sócio de uma empresa que, após a minha saída, deixou de pagar os direitos trabalhistas dos empregados. Posso ser cobrado pelas dívidas trabalhistas dessa empresa?

Sim. O sócio que sai de uma empresa continua responsável pelas obrigações trabalhistas referentes ao período em que foi sócio. Tal responsabilidade, entretanto, acaba após dois anos da sua saída. Além disso, o ex-sócio só poderá ser cobrado por dívidas se a empresa ou os seus sócios atuais deixarem de pagá-las. É o que chamamos de "benefício de ordem".

Posso ganhar salário diferente daquele recebido pelo meu colega se trabalhamos juntos e fazemos as mesmas coisas?

Como regra geral, empregados da mesma empresa que realizam as mesmas atividades, com a mesma qualidade, devem receber salários iguais. Entretanto, algumas condições justificam a diferenciação dos salários. A nova lei ampliou essas situações. Agora, além da necessidade de que os empregados realizem as mesmas atividades, com a mesma perfeição e produtividade, ao mesmo empregador, e sem terem diferença de tempo naquela função superior a dois anos, exige-se também que os empregados trabalhem no mesmo estabelecimento e não tenham diferença de tempo de serviço para a empresa superior a quatro anos. Além disso, caso a empresa possua um quadro de carreira, não haverá direito à equiparação de salários.

Sou trabalhador terceirizado. Tenho direito aos mesmos salários e benefícios que os empregados diretos da empresa tomadora?

A nova lei dispõe que a empresa contratante e a contratada poderão estabelecer, no contrato de prestação de serviços, que os salários a serem pagos aos trabalhadores terceirizados serão iguais àqueles pagos aos empregados diretos da empresa contratante. Contudo, isso não é obrigatório. Se as empresas não fizerem esse ajuste, é possível o pagamento de salários diferentes.

Quanto aos benefícios, quando os serviços forem prestados no estabelecimento da empresa contratante, os terceirizados terão direito ao uso do refeitório, do transporte e do atendimento médico ou ambulatorial oferecidos aos empregados da contratante. Eles também terão direito a receber os mesmos treinamentos a que forem submetidos os empregados da contratante, principalmente aqueles relacionados ao tema segurança e medicina do trabalho.

É verdade que reforma trabalhista reduziu encargos sobre o salário?

Não, a reforma trabalhista não reduziu os percentuais de incidência de contribuição ao Instituto Nacional do Seguro Social (INSS), imposto de renda e Fundo de Garantia do Tempo de Serviço (FGTS) sobre o salário. Contudo, houve a exclusão das seguintes parcelas do salário: ajudas de custo limitadas a 50% do salário, vale-alimentação, diárias para viagem e prêmios. Estas, se pagas corretamente pelo empregador, não sofrerão as incidências e os reflexos que recaem sobre o salário.

Posso, então, transformar parte do salário do meu atual empregado em ajuda de custo?

Não, não pode haver redução do salário e sua substituição por ajuda de custo. Isso porque a ajuda de custo é uma verba paga pelo empregador para cobrir despesas de serviço incorridas pelo empregado e devidamente comprovadas (por exemplo, com a compra de algum material de trabalho, com a manutenção de um veículo que é utilizado para a prestação dos serviços etc.). Se o empregado hoje recebe um determinado valor de salário, independentemente de quaisquer despesas, a transformação dessa quantia em ajuda de custo constituiria um desvio dessa parcela e uma redução salarial ilícita.

Vou abrir um negócio e penso em contratar meus colaboradores como autônomos. Estou correndo algum risco?

Sim. Embora a lei nova tenha estabelecido que o trabalhador autônomo não tem vínculo de emprego, continua sendo vedada a subordinação do autônomo em relação à empresa. Ou seja, o trabalhador autônomo não pode receber ordens diretas, punições disciplinares, controle de horários etc. É errado acreditar que a lei trouxe a possibilidade da contratação de quaisquer trabalhadores como autônomos.

INDICAÇÕES DE LIVROS

LIMA, F. M. E.; PERICLES, F. *Reforma trabalhista*. São Paulo: LTr, 2017.

LONGHI, D. R. *Resumão jurídico*: reforma trabalhista. São Paulo: Bf&a, 2017.

MELEK, M. A. *Trabalhista!* O que mudou? Reforma Trabalhista 2017. Curitiba: Estudo Imediato, 2017.

NORBIM, L. D. *Reforma Trabalhista ao seu alcance*. Belo Horizonte: Editora Líder, 2017.

OLIVEIRA MONTEIRO, C. A. M. *Reforma trabalhista*: Lei 13.467/2017. Indaiatuba: Editora Foco, 2017.

SILVA, H. B. M. *Comentários à Reforma Trabalhista*: análise da Lei 13.467/2017: artigo por artigo. São Paulo: Revista dos Tribunais, 2017.

INDICAÇÕES DE SITES

CNC – CONFEDERAÇÃO NACIONAL DO COMÉRCIO DE BENS, SERVIÇOS E TURISMO. *CNC explica a reforma trabalhista*. Rio de Janeiro, 2017. Disponível em: <http://cnc.org.br/sites/default/files/arquivos/folder-reforma-trabalhista-press.pdf>. Acesso em: 19 out. 2017.

JUSBRASIL. *Reforma trabalhista é aprovada no Senado; confira o que muda na lei*. [S.l.], 2017. Disponível em: <https://examedaoab.jusbrasil.com.br/noticias/477395550/reforma-trabalhista-e-aprovada-no-senado-confira-o-que-muda-na-lei>. Acesso em: 19 out. 2017.

KAORU, T.; MARCHESAN, R. *Reforma trabalhista*: saiba o que vai mudar nos direitos dos trabalhadores. São Paulo: UOL, 2017. Disponível em: <https://www.uol/economia/especiais/reforma-trabalhista.htm#tematico-2>. Acesso em: 19 out. 2017.

PIPEK, PENTEADO E PAES MANSO ADVOGADOS ASSOCIADOS. Disponível em: <www.pipek.com.br>. Acesso em: 19 out. 2017.

TST – TRIBUNAL SUPERIOR DO TRABALHO. Disponível em: <http://www.tst.jus.br/>. Acesso em: 19 out. 2017.

INDICAÇÕES DE VÍDEOS

FANTÁSTICO. *Max Gehringer explica as mudanças com a aprovação da reforma trabalhista*. Rio de Janeiro, 2017. Disponível em: <https://globoplay.globo.com/v/6011593/>. Acesso em: 19 out. 2017.

JORNAL da Globo. *O que muda com a reforma trabalhista*. São Paulo, 2017. Disponível em: <http://g1.globo.com/jornal-da-globo/videos/t/carlos-sardenberg/v/o-que-muda-com-a-reforma-trabalhista/6001290/>. Acesso em: 19 out. 2017.

TST – TRIBUNAL SUPERIOR DO TRABALHO. *Antes e depois da reforma trabalhista*: banco de horas. Brasília, DF, 2017. Disponível em: <https://www.youtube.com/watch?v=-SOjV91VeDME&list=PLSAyE9HVlBfIhEFeBCQaZebgR-DxaCuvR2>. Acesso em: 19 out. 2017.

TV TST. Disponível em: <http://www.tst.jus.br/web/guest/tv>. Acesso em: 19 out. 2017.